EL KU KLUX KLAN

Estados Unidos bajo el yugo
de la supremacía blanca

Por Raphaël Coune
Traducido por Laura Soler Pinson

Historia en50MINUTOS.es

LOS SECRETOS DEL KU KLUX KLAN

- **¿Fechas de creación?**
  - El primer Ku Klux Klan se crea en 1865 y se disuelve en 1869.
  - El segundo empieza en 1915 y desaparece en 1944.
  - Varios grupúsculos reivindican la influencia del Klan desde 1946 y siguen activos hoy en día.
- **¿Objetivos del Ku Klux Klan?** Preconizar y proteger de cualquier invasor la pureza y la supremacía de la raza blanca, así como la de los americanos blancos anglosajones protestantes.
- **¿Miembros más importantes?**
  - Nathan Bedford Forrest, teniente general del ejército confederado y primer Gran Mago del Ku Klux Klan (1821-1877);
  - William Joseph Simmons, soldado, médico, profesor para la Iglesia episcopal metodista del sur, fundador del segundo Ku Klux Klan y segundo Gran Mago de la sociedad secreta (1880-1945);
  - Hiram Wesley Evans, dentista y Asistente Imperial del Ku Klux Klan (1881-1966);
  - David Duke, fundador de los Caballeros del Ku Klux Klan (nacido en 1950).

Hoy en día, cuando pensamos en el Ku Klux Klan, nos vienen de inmediato a la cabeza actos violentos perpetrados contra los negros en Estados Unidos y contra el movimiento que lucha por los derechos cívicos durante los años sesenta. ¿Pero quién recuerda que el Klan apareció más de un siglo antes del asesinato de Martin Luther King (pastor estadounidense y líder que lucha por el reconocimiento de los derechos cívicos, 1929-1968)? ¿Quién sabe aún hoy que tiene sus raíces en el mito de un sur caballeresco que tenía como objetivo defender a la viuda y al huérfano? ¿Quién se acuerda de que los disturbios de los sesenta, que dejaron una huella tan grande en la sociedad, no son los primeros desórdenes del Klan, y que están lejos de ser las manifestaciones más violentas? ¿Quién recuerda los escándalos y los complots que sacudieron al Klan y al mundo de la política estadounidense en los años veinte? ¿Quién guarda todavía en su memoria la época en la que el presidente de Estados Unidos, Woodrow Wilson (1856-1924), conocido por su participación en el Tratado de Versalles (1919) y en la creación de la Sociedad de las Naciones, se deshacía en elogios hacia el Ku Klux Klan en público, y afirmaba que el movimiento aportaba muchos beneficios al país y defendía una causa justa? ¿Quién puede concebir aún hoy en día que hubiera una época en la que más de cinco millones de estadounidenses querían defender y salvaguardar la supremacía de la raza blanca? ¿Cómo encontrar una explicación? Y, para acabar, entre los símbolos de un racismo primario y el mito caballeresco, entre los linchamientos y la protección de la viuda y del huérfano, ¿cuál era ese Ku Klux Klan del que la historia parece haberse olvidado, pero cuyo nombre sigue erizándonos la piel?

EL KU KLUX KLAN A LO LARGO DE LOS SIGLOS

LOS ORÍGENES DEL KKK

El Ku Klux Klan nace en Pulaski, en el estado de Tennessee, tal y como lo indica la placa conmemorativa situada en el muro de una casa, inaugurada en 1921 por John B. Kennedy (1900-1983), el último fundador que quedaba vivo en aquella época. En ella, aparece la siguiente inscripción: «El Ku Klux Klan fue organizado aquí, en el despacho del juez Thomas M. Jones, el 24 de diciembre de 1865. Nombres de los organizadores originales: Calvin E. Jones, Frank O. Marc Cord, Richard R. Reed, John B. Kennedy, John C. Lester, James R. Crowe».

Por lo tanto, son seis los fundadores, viejos amigos y antiguos oficiales del ejército confederado que, cuando vuelven a su ciudad tras cuatro años de intensos combates, se aburren. Solo hace seis meses que acabó la guerra de Secesión y estos camaradas ya no saben cómo entretenerse. Entonces, deciden crear un club sin un motivo en concreto. Su único objetivo es reunirse, así que copian a las hermandades de estudiantes de las universidades de moda. John B. Kennedy propone llamarlo Kuklos (*kuklos* significa en griego «el círculo»). James Crowe sugiere dividir la palabra en dos y sustituir «os» por «ux» para formar la palabra *lux* («la luz» en latín). Por último, John Lester observa que todos son de ascendencia escocesa y han leído las novelas de Walter Scott (novelista escocés, 1771-1832) que tratan sobre antiguos clanes famosos de Escocia. Escribe la palabra «clan» con una «K» para que todas las iniciales sean idénticas. Ha nacido el Ku Klux Klan.

LA GUERRA DE SECESIÓN

La guerra de Secesión es un conflicto armado que tiene lugar entre 1861 y 1865, entre los estados del norte de Estados Unidos y siete estados del sur del país que se separan. Estos últimos rechazan que Abraham Lincoln (1809-1965) se convierta en presidente, puesto que se muestra favorable a la abolición de la esclavitud. Así, proclaman su independencia y luchan para proteger la autonomía del sur, mientras que el presidente y los estados no secesionistas desean un país unido.

Desde los inicios del año 1866, los seis compañeros se reúnen en secreto, a menudo por la noche, y se ponen un disfraz para parecer misteriosos y aumentar el miedo en la ciudad. ¿Qué puede haber más placentero que provocar miedo? Así, se envuelven en sábanas, recortan capuchas con la tela de las almohadas, visten a sus caballos y desfilan por la noche en las calles de Pulaski. Los habitantes, aterrorizados o divertidos, observan desde sus ventanas el insólito espectáculo. Cuando, al día siguiente, nuestros seis protagonistas escuchan las conversaciones apasionadas de sus conocidos, no caben en sí de gozo. Cosechan éxito y, muy rápidamente, centenares de nuevos miembros se pelean por participar en los paseos nocturnos. Cada noche, los miembros del KKK, divididos en columnas, van, vienen y se cruzan en las calles. La ciudad parece invadida por figuras fantasmagóricas, y entre los espectadores más aterrorizados, se encuentran los negros. En aquella época, tienen un nivel educativo menor, y ven en estas siluetas extrañas los fantasmas de los soldados confederados muertos durante la guerra, que vuelven para vivir en su ciudad.

Poco a poco, los miembros del KKK descubren en sus reuniones nocturnas la forma de dar rienda suelta a su rencor hacía aquellos que, a sus ojos, han provocado la guerra y la contrariedad. Ya no se trata solo de pasearse por la noche para atemorizar a la población, como si jugásemos a asustarnos en un ambiente sano, sino que más bien se procura aterrorizar a los negros, haciéndoles creer que los fantasmas de los soldados asesinados vienen para perseguirlos. Para dar un matiz más realista a las escenas, recurren incluso a diferentes artimañas. Por ejemplo, les piden un cubo de agua, que beben de una sola vez gracias a un sistema de tubos que esconden bajo la capucha o los saludan tendiéndoles una mano esquelética.

Un año después de su creación, el primer congreso del KKK se celebra en Nashville, en enero de 1867. El Klan se ha desarrollado de manera considerable en todo el estado, por lo que empieza a ser necesaria una organización, una estructura. Se aprovecha entonces para incluir un proceso de ingreso y para establecer una filosofía, una organización y una jerarquía. Se convierte en un movimiento clandestino cuyos tentáculos se extienden por todos los estados del sur. Robert Lee (general en jefe del ejército confederado, 1807-1870) es propuesto para ocupar el cargo de Gran Mago, pero este rechaza la oferta por tener ya una cierta edad.

Finalmente, Nathan Bedford Forrest es el elegido.

Retrato de Nathan Bedford Forrest.

Poco a poco, las bromas nocturnas y los paseos se trans-
forman en sesiones de intimidación y de linchamiento. Por
ejemplo, obligan a los negros a que voten al partido apo-

yado por el Klan o simplemente les prohíben ir a votar. Si no respetan sus órdenes, las represalias suelen ser sangrientas. Aquellos que, por su éxito o por su valentía, ponen en entredicho la idea de que su raza es inferior son quienes más deben temer. Para hacerles entrar en razón, los miembros del KKK no dudan en llevar a cabo secuestros o castigos con látigo, y a aplicar su propia justicia, cuya sentencia puede ir incluso hasta la muerte. Estos actos no quedan impunes y, durante meses, las cárceles se llenan de gente sospechosa de pertenecer al Klan. Ante estos abusos de violencia, el general Forrest disuelve oficialmente el KKK en 1869, pero algunas células locales continúan con los atropellos.

En 1871, la Corte Suprema promulga una serie de leyes, el Acta Ku-Klux Klan, que aspiran sobre todo a impedir que dos o más individuos se reúnan si van disfrazados o que cualquiera prive a un ciudadano de sus derechos. Seis años más tarde, tras el enésimo ataque, la Corte Suprema dicta un fallo en el que prohíbe oficialmente el Klan. El ambiente se apacigua y las tropas federales que ocupaban el sur desde el final de la guerra de Secesión son desmovilizadas ese mismo año.

No obstante, estas medidas no lograrán frenar el racismo, que sigue estando muy presente en Estados Unidos. Desde 1875, se aplican las leyes Jim Crow en los estados del sur para esquivar las enmiendas de la Constitución que permiten que los negros voten y vivan junto a los blancos. Aunque se les otorga el derecho de voto, el texto deja que cada estado establezca las modalidades de escrutinio. Además, no les prohíbe que legislen sobre la separación entre los dos grupos. Como consecuencia, nace una sociedad con una marcada desigualdad, donde se aparta a los negros de los blancos. «Iguales, pero separados» es el principio jurídico que prevalecerá hasta el final de la Segunda Guerra Mundial (1939-1945). Y, a medida que la segregación va siendo legal, los miembros del KKK abandonan sus abusos.

UNA PELÍCULA COMO NUEVO PUNTO DE PARTIDA DEL KLAN

Pasan los años y el mundo acaba olvidándose del KKK. En vísperas del siglo XX, pocas personas se acuerdan todavía de las grandes cabalgatas nocturnas y de los linchamientos. Este podría haber sido el final de la historia del movimiento. Sin embargo, en 1915, el Ku Klux Klan resurge de sus cenizas para alcanzar una fuerza sin precedentes. Cincuenta años después del final de la guerra de Secesión, se estrena un largometraje que cosechará un inmenso éxito y que acabará con la paz social que reinaba hasta ese momento. El director David W. Griffith (1864-1948) se inspira en la novela *The Clansman, an historical romance of the Ku Klux Klan* (1905), escrito por un tal Thomas Dixon (1864-1946), que presenta en su obra un verdadero homenaje al KKK, para dirigir *Birth of a nation*, el mayor y más espectacular largometraje de su época. En él, cuenta la historia de la guerra de Secesión y de los años posteriores de reconstrucción del sur, e intenta justificar, con toques racistas, los crímenes perpetrados por el KKK. El éxito es atronador, hasta el punto de que, dos años después de su estreno, la película ha generado sesenta millones de dólares.

Cartel de la película *Birth of a nation*, 1915.

Entre sus espectadores, un tal William S. Simmons (1880-1945) queda profundamente marcado por la película y se siente llamado a una misión divina: hacer resurgir el KKK. La noche de Acción de Gracias, invita a sus seres queridos a que lo sigan. Juntos se dirigen a Stone Mountain, una montaña en los suburbios de Atlanta. El grupo sube a pie hasta la cima del peñasco, donde encuentran una gigantesca cruz bañada en petróleo y un altar improvisado en el que hay una Biblia, la bandera estadounidense y una espada, objetos que Simmons ha dejado allí esa misma tarde. Todos visten el uniforme del KKK, se prende fuego a la cruz y Simmons toma la palabra: «El Invisible Imperio ha salido de su letargo de medio siglo para llevar a cabo una nueva tarea, cumplir una segunda misión por el bien de la humanidad y recordar en los mortales la bondad de la fraternidad entre los hombres»[1].

¿SABÍAS QUE...?

Las cruces ardiendo constituían en la Edad Media un medio de comunicación entre los distintos clanes escoceses. Aunque en origen el KKK no las usaba, se convertirán en un elemento emblemático del Klan tras la publicación del libro de Thomas Dixon y el lanzamiento de la película *Birth of a nation*.

Así, el Klan que resurge de sus cenizas dice ser más nacionalista que el anterior. Ya no se trata únicamente de proteger a la raza blanca de los negros, sino de proteger al «verdadero pueblo estadounidense», es decir, a los blancos protestantes a los que se llama a partir de ese momento WASP (*White Anglo-Saxon Protestant*) de los negros, de los católicos, de los judíos y, más tarde, de los comunistas. Además, ya no es un movimiento secreto que actúa con nocturnidad, sino

---

1. Cita traducida por 50Minutos.es

más bien una organización reconocida por las autoridades, que se ajusta a la ley. En 1917, el nuevo KKK es considerado una fuerza complementaria para mantener el orden. Al contrario de lo que le sucede al antiguo KKK, el movimiento no obtiene inmediatamente el éxito esperado, y apenas se cuentan dos mil miembros en 1920, es decir, cinco años después de su resurgimiento.

Fotografía tomada durante una reunión del KKK, hacia 1920.

Ese mismo año, Edward Y. Clarke (nacido en 1877) y Mary Elizabeth Tyler (1881-1924) dan el impulso necesario para reactivar el Klan. Para esta pareja, el KKK representa una fuerza potencial insospechada. Sin embargo, hay que canalizar y guiar a Simmons para que la organización vuelva a brillar. Así, le proponen sus servicios de agente publicitario y de asesor. Firman un contrato, en el que se prevé que Simmons percibirá un salario de cien dólares por semana y que los miembros tendrán que pagar una cuota de ingreso de diez dólares. La pareja también recomienda que se comercialicen los disfraces, los vestidos, las capuchas y demás símbolos. Así, el Klan compra la Gate City Manufacturing Company para producir lo necesario. Simmons se convierte oficialmente en Coronel, título que ya utilizaba, pero para el que ya puede vestirse con toda la pompa. A partir de ese momento, dispone de dos revólveres, de un puñal y de una cartuchera que siempre lo acompañarán.

¿SABÍAS QUE...?

Todas las reuniones del KKK empiezan con el siguiente ritual: el Coronel Simmons, Gran Mago del Klan, hunde su puñal en el centro de la mesa gritando en un tono desafiante: «¡Que vengan ahora los negros, los católicos y los judíos!»[2] (Decaux 1997, 22).

Clarke y Tyler obtienen unos resultados extraordinarios, y el número de miembros sobrepasa la barrera de los cien mil a finales de año. La pareja ha entendido a la perfección la decepción de los hombres que han vuelto del campo de batalla de la Primera Guerra Mundial (1914-1918) que no consiguen encontrar trabajo. Piensan que los inmigrantes que han huido de Europa durante el conflicto y que se han

---

2. Cita traducida por 50Minutos.es

instalado en Estados Unidos les han robado sus puestos. Por otra parte, Clarke y Tyler aprovechan el movimiento aislacionista que recorre Estados Unidos para elaborar un programa de americanismo agresivo. Efectivamente, este KKK ha dado un giro más nacionalista que nunca.

En menos de un año, cosechan tal éxito que el Klan es millonario. Pero, de nuevo, los dirigentes del organismo no logran contener la violencia de sus adeptos, que son demasiado numerosos. Vuelven las agresiones y los linchamientos. Se centran directamente en la moral del pueblo, y no dudan en castigar a los negros acusados de haber mantenido relaciones con mujeres blancas, a los blancos que confraternizan con los negros y también, más en general, a los médicos abortistas. El nuevo castigo de moda consiste en desnudar al acusado y bañarlo en alquitrán y plumas. Al amparo de los desfiles, que son espectaculares y monumentales, la violencia y los abusos revisten mayor gravedad, y se cometen varios asesinatos. El Coronel Simmons, incapaz de volver a tomar el control de la situación, y siguiendo el consejo de Clarke, contrata a Hiram Evans como adjunto, quien fuerza al Gran Mago a que le confíe sus funciones tras dar una especie de golpe de Estado.

Hiram Evans en un desfile del KKK en 1926.

En 1924, el movimiento constituye una auténtica fuerza política que consigue en las elecciones once gobernadores y nueve diputados. Al año siguiente, supera la impresionante cifra de cinco millones de miembros. Pero muy pronto esto no será más que un recuerdo. En efecto, la prensa lleva a cabo una campaña contra el Ku Klux Klan y destapa los entresijos financieros y los crímenes del movimiento. Además, se dirigen varias acusaciones directas a los altos mandos del

Klan. La organización ha ido demasiado lejos y la mayoría de los estados promulgan leyes antimáscaras. En 1928, el Klan solo cuenta con unos cientos de miles de miembros. La gran crisis económica del año siguiente apagará las últimas brasas. Los estadounidenses ya no quieren desfilar en las calles. En 1939, Evans, desanimado, pasa el relevo a James A. Colescott (1897-1950). Más tarde, llega la Segunda Guerra Mundial, que frena considerablemente las actividades del KKK. Para acabar, en 1944, el fisco reclama al organismo seiscientos ochenta y cinco mil dólares de impuestos impagados. Es el final del Klan unido y reglamentado a nivel nacional.

EL KU KLUX KLAN EN LA ACTUALIDAD

El Klan intenta reaparecer por tercera vez en 1946, auspiciado por Samuel Green y, más tarde, por Sam Roper. Sin embargo, jamás recobrará su impacto y su unidad. Con la aparición de las primeras leyes antisegregacionistas y del movimiento para los derechos cívicos, se desempolvan los disfraces y los ritos de antaño. Pero la justicia no se doblega y los sucesivos gobiernos, animados por los movimientos a favor de los derechos cívicos, se muestran decididos a imponer el final de la desigualdad racial. Entre 1956 y 1963, a medida que la lucha a favor de la igualdad entre negros y blancos avanza, tienen lugar varios altercados. Durante este periodo, se cuentan treinta y cinco muertos, cuarenta y cuatro personas golpeadas, treinta casas dinamitadas, ocho hogares quemados, cuatro atentados con bomba contra escuelas que abren sus puertas a los negros, siete atentados contra iglesias y cuatro contra sinagogas. Pero esta vez los estados del sur ya no pueden esquivar las enmiendas de la Constitución y los fallos de la Corte Suprema, a pesar de los altercados.

En 1967, el Klan todavía cuenta con cincuenta mil miembros, una cifra que irá disminuyendo progresivamente para alcanzar los tres mil en 1990. Hoy en día, aunque el KKK ya no existe como organización única y jerarquizada, todavía subsiste en muchas organizaciones locales que disponen de sus propias reglas y doctrinas. Desde 2006, se observa un aumento del éxito de estos grupúsculos que se identifican con el antiguo KKK, ya que tendría en la actualidad ocho mil miembros repartidos en ciento setenta y nueve células. Un éxito que, sin duda, se debe a la expansión de internet, al desarrollo de las redes sociales y a la crisis económica de 2008.

Fotografía tomada durante una reunión del KKK en 2005.

MIEMBROS MÁS IMPORTANTES

NATHAN BEDFORD FORREST, PRIMER GRAN MAGO DEL KU KLUX KLAN

Nacido en 1821 en el condado de Bedford (Tennessee), Nathan Bedford Forrest atraviesa una infancia difícil. Al ser el mayor de una familia numerosa (once hermanos), tiene que ponerse a trabajar con quince años, cuando muere su padre, para satisfacer las necesidades de su familia. Se convierte en comerciante de esclavos. Más tarde, trabaja como plantador, y aprovecha el auge impresionante del comercio del algodón para adquirir una cierta holgura económica. En 1845, se casa con Mary-Ann Montgomery (1826-1893), con quien tiene un hijo en 1846, William, y una hija en 1848, Fanny.

Muestra interés por la política que se lleva a cabo en Memphis y sale elegido para el puesto de *Alderman* (consejero municipal) en 1858. Se convierte en una personalidad respetada de la ciudad y se enrola como soldado raso bajo la bandera de su estado cuando estalla la guerra de Secesión. Con su riqueza personal, levanta un regimiento de caballería, y esto lo aupará al grado de teniente coronel con ayuda de la influencia de sus amigos. Durante los combates, resulta ser un buen líder y un formidable estratega. Asciende rápidamente en la jerarquía militar y, finalmente, alcanza el grado de teniente general. Al final del conflicto, cuando vuelve a casa, libera a sus esclavos y toma partido en varias ocasiones por los negros de Estados Unidos.

Antiguos soldados y camaradas del ejército le ofrecen el título de Gran Mago del KKK, que entonces se define como una asociación de caballeros que desean proteger a las mujeres y a los huérfanos sudistas. Acepta la propuesta y lleva a cabo muchas conferencias y reuniones por todo el sur para evocar los problemas que origina la abolición de la esclavitud y las pérdidas humanas y materiales que ha causado el conflicto. Desea que el KKK se convierta en una fuerza política capaz de proteger y de ayudar al sur en plena reconstrucción.

El primer Gran Mago no muestra un odio particular contra los negros. De hecho, luchará contra los abusos y los desórdenes que cometen los miembros de su movimiento y abandonará el KKK cuando compruebe que la situación no mejora. Pasará el resto de sus días luchando contra los blancos que, según él, se deshonran cuando atacan a los negros y criticando públicamente los abusos del movimiento que el mismo ha gobernado.

WILLIAM JOSEPH SIMMONS, FUNDADOR DEL SEGUNDO KU KLUX KLAN

Hijo de Calvin Henry Simmons (1836-1893), un médico de Harpersville en Alabama, Joseph William Simmons tiene una infancia completamente normal. Desde muy pronto está destinado a realizar estudios de medicina para seguir los pasos de su padre, pero antes de iniciarlos, se enrola en el ejército estadounidense durante la guerra hispano-estadounidense (abril-agosto 1898). Cuando obtiene el título de la Universidad Johns Hopkins, se convierte en profesor para la Iglesia episcopal metodista del sur hasta 1912. Tres años más tarde, trabaja para una compañía de seguros y es miembro de unas quince organizaciones fraternales.

Ese mismo año, para hacer resurgir el Klan, aprovecha la inmensa popularidad de la película *Birth of a nation* y los altercados antisemitas sucedidos durante el juicio contra Leo Frank (1884-1915), un empresario judío acusado de haber violado y matado a Mary Phagan, una niña de catorce años. El nuevo Mago Imperial organiza y establece las reglas de este nuevo Klan que no empieza a desarrollarse realmente hasta su asociación con Edward Y. Clarke y Mary Elizabeth Tyler, profesionales del mundo de la publicidad y de la comunicación. En 1922, Simmons es destituido por Hiram W. Evans, que toma las riendas del KKK. A pesar de que entabla un proceso contra Evans, no recupera su influencia ni su lugar en el movimiento.

HIRAM WESLEY EVANS, ASISTENTE IMPERIAL DEL KU KLUX KLAN

Hiram W. Evans nace en 1881 en Ashland, en Alabama. Hijo del juez Martin Evans, inicia sus estudios en la Universidad

Vanderbilt y se lanza a continuación en una carrera como dentista. En 1900, recibe la autorización para ejercer su profesión, e instala su consulta en el centro de Dallas. Este joven dentista, que ofrece mejores precios que la competencia, obtiene rápidamente un éxito moderado.

En 1912, se une a los Discípulos de Cristo —movimiento que desea reunir a todos los cristianos en una Iglesia única que respetaría los principios del Nuevo Testamento—, a los masones y, en 1920, al Klan. Es un excelente orador y es extremadamente ambicioso, por lo que asciende rápidamente en la jerarquía del Klan. En 1921, Edward Y. Clarke le encarga la supervisión de las campañas de ingreso en el organismo a nivel nacional, lo que lo lleva a viajar y a reunirse frecuentemente con los dirigentes locales del movimiento.

En 1922, toma las riendas de un grupo de militantes del Klan que desean reorganizar el movimiento, entre los que destacan Edward Clarke y D. C. Stephenson (Gran Dragón, 1891-1966), con lo que se juntan tres de los personajes con mayor rango en la jerarquía del Klan. Aprovecha esta reestructuración para arrebatar a Simmons la mayoría de sus prerrogativas. Este acepta, puesto que no quiere provocar tensiones que afectarían al movimiento. Evans, ya a la cabeza del movimiento, dirige varios procesos contra sus subalternos, lo que confirma su posición de líder único. Además, corrobora la supremacía nativa de la raza blanca anglosajona descendiente de los primeros colonos que es, para él, superior a los estadounidenses de otros orígenes. Partiendo de esta base, considera que se debe proteger a esta raza de toda mezcla. Este discurso, que refleja las ideas vehiculadas por la eugenesia y el racismo científico de la época, se desarrolla y obtiene los favores de personalidades políticas importantes, como el antiguo presidente Woodrow Wilson, que se deshace en elogios hacia el Klan públicamente en varias ocasiones. A pesar de todo, Evans no puede impedir el declive. En 1939, le pasa el testigo a James A. Colescott, su antiguo jefe de consulta, y desaparece de la vida pública.

DAVID DUKE, FUNDADOR DE LOS CABALLEROS DEL KU KLUX KLAN

Nacido en Tulsa (Oklahoma) en 1950, David Duke se establece en Luisiana tras haber pasado varios años viajando por todo el mundo por motivos profesionales. En 1960, conoce a William Luther Pierce (líder neozelandés del partido nacionalista blanco estadounidense, 1933-2002), que lo convence para que se una al partido de la Alianza Nacional, un partido nacionalista y antisemita que él mismo ha fundado.

Siete años más tarde, Duke se une a la célula del Klan en su ciudad y funda, en 1969, la National Youth Alliance en la Universidad de Tulane (Nueva Orleans). En 1972, es arrestado por primera vez junto a tres cómplices por incitar a la violencia cuando volvían de colocar una bandera confederada en el monumento del general Lee en la ciudad. Unos meses más tarde, funda los Caballeros del Ku Klux Klan, una organización cuyo objetivo es restablecer la segregación, y se convierte en Mago Imperial. No obstante, abandona los disfraces para abrazar el traje con corbata, decidido a modernizar las tradiciones obsoletas del antiguo Klan.

En 1976, organiza varios encuentros neonazis en Europa y participa en la creación de un Klan en Canadá. Expulsado del país, Duke va abandonando poco a poco los asuntos de los Caballeros del Ku Klux Klan, donde varios miembros lo acusan de utilizar los fondos del movimiento para fines personales. Tanto en 1975 como en 1979, se presenta como candidato al puesto de senador de Luisiana, y en 1980 renuncia a los Caballeros para lanzarse en política. Se une a la Asociación Nacional para el Progreso del Pueblo Blanco y se erige como candidato del lado demócrata en 1988 a las primarias de su partido, en las que obtiene apenas un 0,04 % de los votos. Pasa al lado republicano, donde es elegido de 1989 a 1992 en la Cámara de Representantes de Luisiana. En 1991, se presenta a gobernador y obtiene un resultado respetable. Un año más tarde, se presenta de nuevo a las primarias de su partido, pero solo consigue un 0,94 % de los votos.

Desde entonces, ha abandonado la política, pero de vez en cuando muestra su apoyo a los candidatos a los que aprecia, como ha hecho con Donald Trump (político y hombre de negocios estadounidense, nacido en 1946). Sospechoso de querer crear un grupo neonazi europeo, es expulsado de Italia y de República Checa por incitación al odio.

OBJETIVOS Y FUNCIONAMIENTO DEL KKK

ORGANIZACIÓN DEL MOVIMIENTO

El Klan es un movimiento extremadamente jerarquizado, en el que cada miembro posee su túnica, sus insignias y un rango que define su función y sus misiones dentro del movimiento. Así, se trata de un auténtico imperio que se erigió en el Congreso de Nashville (1867) y a través del libro *Kloran*, redactado por Simmons durante el resurgimiento del movimiento. Este imperio se extiende por varias zonas geográficas y abarca un órgano de seguridad y un órgano judicial. Además, dispone de una jerarquía, de un vocabulario y de un protocolo propios. Los grupúsculos que reivindican su pertenencia al Klan conservan estas mismas disposiciones, aun cuando el aspecto más local y descentralizado de estas células ocasionará una diferenciación en ciertos términos.

La jerarquía del Primer Klan

Territorio	Dirección y administración
El Den (término del Klan que designa a la ciudad)	Un Cíclope asistido por un Gran Tesorero, un Gran Mago (segundo oficial), un Gran Monje (tercer oficial) y dos Night Hawks o Halcones Nocturnos (responsables de la comunicación).
Las Provincias (equivalente del condado)	Un Gran Gigante asistido por cuatro Duendes (consejeros), un Gran Tesorero y un Gran Escriba (responsable de la lista de los miembros).
Los Dominions (equivalente del distrito)	Un Gran Titán, asistido por seis Furias (consejeros), un Gran Tesorero y un Gran Escriba.
Los Realms (el reino, equivalente del Estado)	Un Gran Dragón, asistido por ocho Hidras (consejeros), un Gran Tesorero y un Gran Escriba.
El Imperio (la zona de influencia del Klan)	Un Gran Mago, asistido por diez Genios, un Tesorero Imperial y un Escriba Imperial.

En el organigrama del Klan de 1867, también encontramos Grandes Centinelas, organizados en Grandes Guardias encargados de la seguridad de los miembros, un Gran Consejo de Yahoos, formado y dirigido por el Gran Gigante de la provincia para los asuntos judiciales que atañen a los oficiales del Klan y, para acabar, un Gran Consejo de los Centauros para los subalternos del Imperio. Sin embargo, parece que estos dos consejos previstos por el Congreso de Nashville no se mantuvieron en activo durante mucho tiempo y dieron paso a consejos judiciales locales, organizados de diferente manera en cada reino. Por último, también encontramos en el Primer Klan a los Grandes Turcos, encargados de guiar a los candidatos durante su ceremonia de ingreso.

La jerarquía del Segundo Klan

Territorio	Dirección	Asistentes	Nombre de las normas	Atributos
El Klanton (la ciudad)	Cíclope Exaltado o Klavern	Doce Terrores	/	Vestido negro y bufanda roja
La Provincia (el distrito)	El Titán	Siete Furias	El Klonverse	Vestido blanco, bufanda verde y cuatro galones verdes en las mangas
El Realm	El Gran Dragón	Nueve Hidras	El Klorero	Vestido verde
El Imperio	Gran Mago/ Mago Imperial/ Asistente Imperial	El Kloncilium Imperial (quince Genios)	La Klonvokation	Vestido morado

Simmons va todavía más allá en su búsqueda del vocabulario en el *Kloran*. En efecto, las reuniones tienen nombres específicos para cada nivel, y a cada funcionario se le asigna un título que define claramente su misión dentro del movimiento. Por otra parte, añadir al título el adjetivo «Grande» e «Imperial» permite distinguir el nivel en el que los miembros ejercen su función. Así, el Klabee Imperial es el tesorero del imperio, el Gran Klabee es el del reino y la Gran Klabee es el de la provincia.

Funciones definidas en el *Kloran* de Simmons

Título	Función	Título	Función
El Kleagle	Reclutador	El Klabee	Tesorero
El Klaliff	Vicepresidente	El Kladd	Guía de la iniciación de los nuevos miembros
El Klokard	Conferenciante	El Klarogo	Responsable de la seguridad, guarda interno
El Kludd	Capellán	El Klexter	Responsable de la seguridad, guardia externa
El Kilgrapp	Secretario	El Halcón Nocturno	Encargado de comunicación

El proceso de ingreso es, en general, idéntico para el Primer y el Segundo Klan. Todo el mundo puede reclutar y trabajar para el Keagle del Klanton, y esto se vuelve todavía más evidente con el Segundo Klan, puesto que el reclutador ganaba cuatro dólares por cada inscripción. Los aspirantes son reunidos por la noche y deben responder a diez preguntas. Si responden afirmativamente a todas ellas, son dignos de participar en el movimiento. Algunas de esas cuestiones son las siguientes:

- ¿Eres un buen ciudadano?
- ¿Eres estadounidense?
- ¿Eres un buen cristiano?
- ¿Tienes sangre anglosajona?
- ¿Estás en contra de la igualdad entre negros y blancos?

LAS ACCIONES LLEVADAS A CABO

Durante el Congreso de Nashville, el Ku Klux Klan se define como una «institución de caballería, de humanidad, de piedad y de patriotismo que encarna en su esencia y sus principios todo aquello que sea caballeroso»[3] (Portes 1988, 23). Se le otorgan tres misiones sagradas. Antes que nada, el Klan debe proteger al inocente de las indignidades, de las afrentas de la ley, de los violentos y de los brutos, y socorrer a los infortunados, en particular, a las mujeres y a los huérfanos de los soldados confederados. A continuación, dice ser defensor de la Constitución de Estados Unidos de América y de todas sus leyes, y protector de los estados ante cualquier invasión. Para acabar, el KKK debe ayudar a que se ejecuten las leyes constitucionales. Estos principios, que parecen estar impregnados de sentimientos nobles, ya dejan adivinar las derivas que tomarán.

Así, en origen, se trataba de proteger a las viudas de las agresiones de los negros, que acaban de ser liberados de su condición de esclavos, y de preservar a los estados de los invasores del norte, que llegan para ganar dinero fácil

---

3. Cita traducida por 50Minutos.es

en un sur devastado por la guerra y la pobreza. Pero esta protección cambia rápidamente de intenciones: se protege a la mujer blanca, ya no solo para ayudar a una persona que quizás no tenga todos los medios para defenderse, sino más bien para preservar la pureza de la raza. Para los hombres del Klan, el negro liberado puede poner en peligro la supremacía de la raza blanca y, peor aún, contaminarla. De esta manera, los miembros de la organización pueden llevar a cabo toda acción que permita afirmar o garantizar la supremacía de los blancos, sin que ello suponga salirse de los principios básicos que se habían establecido.

Las reuniones de miembros disfrazados en lugares públicos o frecuentados por negros, las manifestaciones y los desfiles son también acciones habituales. Nada mejor que un desfile uniformado por la ciudad para reafirmar su poder y marcar a la gente. Por lo tanto, el Klan debe mostrarse en público lo máximo posible para dar la impresión a los que no son miembros de que todo el mundo forma parte de la organización y que, por consiguiente, sería normal que se unieran a ella. Entre las grandes manifestaciones del movimiento, señalamos en particular la concentración del 4 de julio de 1923 en Indiana, seguida por más de doscientas mil personas, y los dos desfiles de agosto de 1925 y 1926 en Washington, en los que participaron respectivamente treinta mil y cuarenta mil personas.

El desfile del Ku Klux Klan en Washington, 1926.

Para acabar, al amparo de estas acciones legales, los miembros del Klan se reúnen para practicar una serie de actos ilegales. Estos hechos se multiplican: linchamientos públicos, fiestas de pluma y alquitrán, humillación, marcado a hierro de la víctima con las letras KKK, secuestros y asesinatos. La policía y las autoridades, confabulados con el Klan o temerosos ante el poder de la organización, a menudo dejan que transcurran los acontecimientos, sin mostrar reacción alguna. No será hasta la desegregación de los años sesenta que el Gobierno federal se opondrá más sistemáticamente a las instituciones que se niegan a respetar las leyes vigentes, lo que a menudo provocará altercados liderados por miembros del Klan. Estas manifestaciones marcarán profundamente la opinión pública por su violencia.

El Ku Klux Klan lleva a cabo en paralelo actividades más intelectuales, como conferencias efectuadas por los Klokards sobre las tesis del Klan, la redacción de artículos para el periódico del organismo, etc. Para acabar, la política también constituye una de las áreas de actividad favoritas del Klan. Sus miembros hacen sobre todo campaña a favor o en contra de ciertos proyectos de ley y de ciertas personalidades que simpatizan o que se muestran hostiles al movimiento. Esto da sus frutos, puesto que en 1924 varios gobernadores y diputados elegidos son miembros del Klan. También los políticos son conscientes del poder y de la cantera de votos que supone la organización, y algunos no dudan en unirse al movimiento para salir elegidos otra vez.

¿SABÍAS QUE...?

Harry S. Truman (1884-1972), presidente de Estados Unidos en 1945, se une al Klan en 1924 para asegurarse su reelección como juez de Kansas. Miembro pasivo del movimiento, abandona la organización varios meses después, tras recibir una petición para que no contrate a ningún católico o judío en la administración.

POLÉMICAS

La historia del Klan está plagada de polémicas y de embrollos con la justicia. Presentamos a continuación, de manera resumida, cuatro casos que alcanzaron una repercusión nacional y tuvieron un impacto negativo en el movimiento. Los tres primeros tuvieron lugar durante la primera mitad de los años veinte y tienden a explicar el declive del movimiento. El último caso, más actual, habla de la idealización del sur confederado y el apego a sus símbolos de las organizaciones modernas que reivindican su pertenencia al Klan.

EL CASO DANIEL Y RICHARD

A principios del verano de 1922, el doctor B. M. McKoin, Cíclope Exaltado y antiguo alcalde de la ciudad de Mer Rouge, en Luisiana, asegura haber recibido varios disparos cuando volvía de su ronda de visitas en coche. El Klan de la ciudad se reúne y en seguida arresta a dos oponentes, Watt Daniel (muerto en 1922) y Tom Richards (muerto en 1922), su mecánico. Los dos hombres son puestos en libertad por falta de pruebas, pero durante su arresto, reconocen a varios miembros del Klan a pesar del disfraz.

Si los dos sospechosos difunden la identidad de algunos miembros, esto podría comprometer al Klan, sobre todo si los jóvenes cuentan a su entorno los detalles de la detención. Rápidamente, todo el mundo está al tanto del caso. Los miembros del Klan del lugar se reúnen de nuevo el 22 de agosto de 1922. Entonces, deciden cerrar la carretera principal de la ciudad con un camión para encontrar a los dos hombres. Una vez que han sido capturados, los secuestran y los llevan a un claro en los alrededores de la ciudad, donde los azotan hasta matarlos.

Las autoridades de la ciudad se toman muy en serio el caso. Nunca antes el Klan había ocasionado la muerte de blancos católicos. Buceadores profesionales inspeccionan el lago Lafourche y encuentran los dos cuerpos mutilados varios días después. La policía detiene a varios miembros del Klan que confiesan haber propinado latigazos a las víctimas, pero rechazan las acusaciones de asesinato. El juez, que ha tenido que rodearse de hombres armados para proteger la sala de audiencia de las manifestaciones de los miembros del Klan, termina por absolver, obligado, a los acusados. El caso escandaliza a la opinión pública hostil a la organización, pero también tiene repercusiones dentro del movimiento: el Gran Mago Simmons es criticado por su pasividad.

LOS PROBLEMAS JUDICIALES DE EDWARD CLARKE

No puede decirse que Edward Clarke, el hombre que permitió que el Segundo Klan adquiriera un alcance nacional, esté libre de reproche. Los múltiples procesos judiciales que arrastra y que origina continuamente empañan poco a poco la imagen del Klan que, recordemos, dice ser una orden de caballería con la función de proteger la virtud y la pureza de la raza blanca.

En 1919, la mujer del futuro Kleagle Imperial lo demanda en un caso de escándalos sexuales, después de que esta lo sorprendiera desnudo en compañía de su colega Mary Elizabeth Tyler. En 1922, durante la ley seca, es arrestado en dos ocasiones por posesión de alcohol. En marzo de 1924, es declarado culpable por haber infringido la ley Mann, que prohíbe transportar de un estado a otro a una mujer o a una niña para dedicarla a la prostitución o el libertinaje. Todo ello lo obliga a abandonar el Klan y a huir del país para escapar de la justicia.

EL PROCESO DE STEPHENSON

Nadie en el clan puede presumir de haber reclutado a tantos miembros como David Curtis Stephenson. Este político de renombre de Indiana, convertido en Gran Dragón del Estado, recluta entre 1922 y 1923 a dos mil nuevos miembros por semana en su circunscripción. Es particularmente popular, y poco a poco adquiere un poder y una fortuna espectaculares. Además, sus múltiples relaciones con el mundo de la política representan una preciada baza para el Klan. Animado por su éxito, decide romper su relación con Hiram Wesley Evans, Asistente Imperial, y con el Klan nacional, y proclama la independencia del Klan de las regiones que lidera. Tiene un carácter ambicioso y desea lanzarse en política.

Todo cambia cuando hallan muerta a Madge Oberholtzer (1896-1925) tras una infección de estafilococos provocada por las heridas de los mordiscos que Stephenson deja en su pecho y tras ingerir cloruro de mercurio para poner fin a su vida. Secuestrada, violada y herida en repetidas ocasiones por Stephenson, la profesora deja una carta de despedida en la que describe su calvario y explica que este último se negaba a procurarle atención sanitaria si no se convertía en su esposa. Los análisis médicos demuestran que podría haberle salvado si hubiese accedido a dársela. Se inicia un proceso que lo lleva a condena perpetua por violaciones reiteradas, tortura y falta de asistencia a una persona en situación de peligro.

El caso provoca una ola de desafiliación masiva en las filas del Klan, indignadas por los actos de una de sus estrellas. Stephenson, desde la cárcel, pide a su antiguo amigo, el gobernador de Indiana Edward Jackson (1873-1954) que le conceda la gracia, pero este se niega. Al sentirse traicionado, publica una lista con los funcionarios del Estado que son o que han sido comprados por el Klan, llevándose consigo a muchas otras personas, como el gobernador Jackson, el presidente del Partido Republicano del condado de Marion, el alcalde de Indianápolis y varios comisarios republicanos.

LA RETIRADA DE LA BANDERA CONFEDE-RADA DE CAROLINA DEL SUR

El 18 de junio de 2015, Carolina del Sur se ve sacudida por un atentado mortífero cometido por Dylann Roof (nacido en 1994) en una iglesia de la comunidad negra de Charleston. Antes de llevar a cabo este acto demente, el joven de veintiún años había publicado en las redes sociales varias fotos suyas posando armado delante de una bandera confederada. Este estandarte, que con el tiempo se ha convertido en un símbolo de racismo, todavía podía verse delante del Parlamento del estado. Así, se toma la decisión de retirarlo el 10 de julio.

Ese día, un centenar de miembros de un grupo llamado *Black educators for justice* desfilan para apoyar la decisión del Estado de retirar el distintivo. En seguida se unen a ellos decenas de manifestantes provenientes de células locales del Klan que enarbolan banderas confederadas y nazis. Se producen varios altercados. De esta manera, bajo una oleada de gritos y de abucheos de los espectadores, los policías del Estado, desplegados en gran número, retiran la insignia confederada que ondeaba desde hacía ciento cincuenta años delante del Parlamento.

Este caso nos permite ver la importancia que los miembros del Klan otorgan a los símbolos y a la idealización muy viva del sur confederado. Un sur confederado visto como una tierra rica, donde el negro es esclavo; una tierra añorada, mistificada, que los miembros del Klan intentan guardar en el recuerdo por todos los medios.

EN RESUMEN

- En origen, el Ku Klux Klan es simplemente un club para distraerse que crean seis compañeros que vuelven de la guerra de Secesión basándose en el modelo de los clubes universitarios.

- Habrá que esperar hasta el Congreso de Nashville, en 1867, para que el movimiento se transforme en una verdadera organización y se atribuya una ideología. El Klan pretende defender a la viuda y al huérfano, y proteger a los estados de cualquier invasión. Por extensión en su ideología, aparecen en esta época los primeros abusos cometidos contra los negros, que para los hombres del Klan son los causantes de la guerra y una amenaza para el sur.

- Ante la avalancha de procesos y de agresiones, el Klan se disuelve oficialmente en 1869. Sin embargo, habrá que esperar al Acta Ku Klux Klan (1871), a la retirada de los soldados del norte que se han quedado como guarnición y a la publicación de la ley Jim Crow (1875) en la que se instaura la segregación racial para ver cómo desaparecen progresivamente los hombres encapuchados.

- El movimiento vuelve a surgir en 1915 a manos de William J. Simmons, influido por una película que hace apología del Primer Klan. Este nuevo Klan dice ser más nacionalista y lucha contra los católicos y los judíos, considerados invasores que ponen en peligro la pureza de la raza de los hombres blancos, anglosajones y protestantes.

- En su apogeo en 1925, el Klan tiene más de cinco millones de miembros y constituye una auténtica fuerza política que goza de peso a nivel nacional. Influye en la elección de gobernadores y senadores y, en algunos estados, su influjo alcanza tales cotas que la mayoría de los funcionarios del Estado son miembros de la organización. Esto permite que haya abusos que queden impunes. Durante este período, el Klan conoce sus mayores momentos de gloria, pero también sus mayores escándalos judiciales, lo que contribuye a su disolución en 1944.

- A pesar de varios intentos, el Klan jamás renacerá de sus cenizas. No obstante, aparecen varios grupúsculos locales, más o menos autónomos, que reivindican su pertenencia al Klan, pero están lejos del movimiento unitario nacional de antaño. El KKK, en caída libre desde los años setenta, ya solo se refiere a un conjunto de asociaciones y de microcélulas con reglas, ritos y objetivos que divergen.

- Si bien es cierto que en 1990 solo eran tres mil, los miembros de estos grupúsculos están en constante aumento desde 2006 gracias al auge de internet, de las redes sociales y de la crisis económica de 2008. Hoy en día, el Klan tendría algo más de ocho mil afiliados repartidos en ciento setenta y nueve células.

- Aunque el número de miembros, las prácticas y la organización han evolucionado en poco tiempo, observamos una cierta constancia en la manera de pensar de los hombres del Klan. Ya sea contra los negros, los católicos, los judíos, los comunistas o, más recientemente, los musulmanes, el KKK pretende proteger la raza pura de los auténticos estadounidenses. Lo que era válido hace ciento cincuenta años sigue siéndolo hoy en día, a pesar de los cambios profundos de la sociedad. Y no cabe duda que seguirá siéndolo dentro de ciento cincuenta años,

ya que es fácil rechazar al otro y tener la necesidad de
sentirse superior.

¡Tu opinión nos interesa!
¡Deja un comentario en la página web de tu librería en línea,
y comparte tus favoritos en las redes sociales!

PARA IR MÁS ALLÁ

FUENTES BIBLIOGRÁFICAS

- Chalmers, David. 1968. *L'Amérique en cagoule. Cent ans du Ku Klux Klan*. París: Trévise.
- Decaux, Alain. 1977. "Les cagoulards du KKK". *Historia*, 14-25. París: Librairie Jules Tallandier.
- Fry, Henry. 1969. *The modern Ku Klux Klan*. Nueva York: Negro Universities Press.
- Hodgson, Godfrey. 1966. *Carpetbaggers et Ku-Klux Klan. Les États-Unis après la guerre de Sécession*. París: Gallimard.
- Kaspi, André. 1994. *Les États-Unis au temps de la prospérité (1919-1929)*. París: Fayard.
- Kennedy, Stetson. 1958. *J'ai appartenu au Ku Klux Klan*. París: Morgan.
- Lester, John y Daniel Wilson. 1905. *Ku Klux Klan, its origin, growth and disbandment*. Nueva York: Washington Neale.
- Newton, Michael. 2006. *The Ku Klux Klan: history, organization, language, influence and activities of America's most notorious secret society*. Jefferson: McFarland & Company.
- Portes, Jacques. 1988. *L'âge doré (1865-1896)*. Nancy: Presses universitaires de Nancy.
- Randel, William. 1965. *The Ku Klux Klan. A century of infamy*. Filadelfia: Chilton Books.
- Trelease, Allen. 1972. *White terror. The Ku Klux Klan conspiracy and southern reconstruction*. Nueva York: Harper Torchbooks.

- Wyn Craig, Wade. 1998. *The fiery cross: the Ku Klux Klan in America*. Oxford: Oxford University Press.

FUENTES ICONOGRÁFICAS

- Retrato de Nathan Bedford Forrest. La imagen reproducida está libre de derechos.
- Cartel de la película *Birth of a nation*, 1915. La imagen reproducida está libre de derechos.
- Fotografía tomada durante una reunión del KKK, hacia 1920. La imagen reproducida está libre de derechos.
- Hiram Evans durante un desfile del KKK en 1926. La imagen reproducida está libre de derechos.
- Foto tomada durante una reunión del KKK en 2005. La imagen reproducida está libre de derechos.
- El desfile del Ku Klux Klan en Washington, 1926. La imagen reproducida está libre de derechos.

PELÍCULAS

- *Birth of a nation.* Dirigida por David Wark Griffith, con Lillian Gish y Mae Marsh. Estados Unidos, 1915.
- *Mississipi burning.* Dirigida por Alan Parker, con Gene Hackman y Willem Dafoe. Estados Unidos, 1988.

LITERATURA

- Dixon, Thomas. 1905. *L'homme du Klan: un roman historique du Ku Klux Klan*.
- Llona, Víctor. 1928. *La cruz de fuego*.
- Dixon Thomas. 1939. *L'épée flamboyante*.

MONUMENTOS

- La catedral Cristo Rey de Atlanta, antigua sede del Klan en Atlanta, Georgia.
- La placa conmemorativa del primer Klan en Pulaski, Tennessee.

¡APRENDER NUNCA ANTES FUE TAN RÁPIDO!

www.en50minutos.es